ESSAI

D'UNE ESQUISSE SUR LA CONNAISSANCE

DES ÉNIGMES. (1)

---

(1) Cet essai consiste en un in-8o de 74 pages; nous l'avons aussi réparti en cent Cartes, nombre égal à celui des Décades dont il se compose ; c'est sous cette dernière forme qu'il prend la dénomination de Jeu d'Énigmes.

4 5/8 feuilles d'impression.

11.

Deux exemplaires de cet ouvrage, que je mets sous la sauvegarde de la loi, ont été adressés au gouvernement; on poursuivra devant les tribunaux tout contrefacteur, distributeur ou débitant d'édition contrefaite, sous quelque format qu'elle paraisse, soit en livres, en cartes ou en tableaux.

ERRATA.

Pages 55 et 60, au mot *Crâne :* au lieu de LV.-5, lisez LV.-4.

Pages 55 et 64, au mot *Talon :* au lieu de LV.-4, lisez LV.-5.

Page 55, Décade LX, Distique 4, au lieu de *Arques :* lisez *Alise.*

Je désavoue tout exemplaire qui ne portera pas ci-dessous ma signature.

Jaubison

2ème exemplaire.

ESSAI

D'UNE ESQUISSE SUR LA CONNAISSANCE

DES ÉNIGMES,

OU

ÉLÉMENTS

DE L'ART ÉNIGMATIQUE,

OUVRAGE UTILE AUX JEUNES ÉLÈVES DE L'UN ET DE L'AUTRE SEXE,
ET PROPRE A EXERCER LEUR MÉMOIRE AGRÉABLEMENT
ET AVEC FRUIT.

PREMIÈRE ÉDITION.

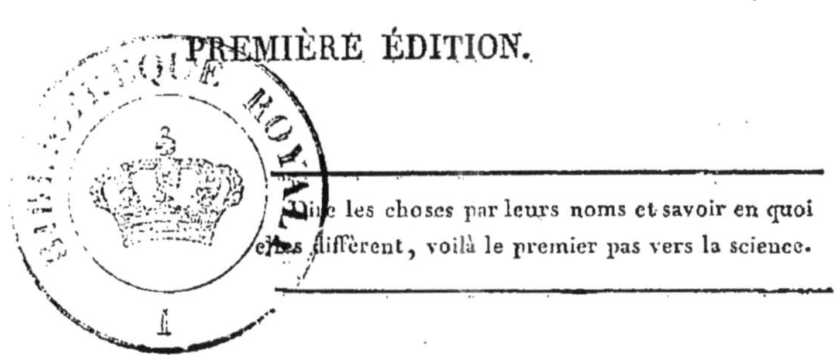

Dire les choses par leurs noms et savoir en quoi elles diffèrent, voilà le premier pas vers la science.

ARRAS :
IMPRIMERIE DE LA Ve BOCQUET, IMPRIMEUR-LIBRAIRE,
PETITE PLACE.

LE PREMIER JOUR DE L'AN MDCCCXXXIII.

IV.

AVANT-PROPOS.

Motif de cet Opuscule --- Des causes qui en ont retardé l'impression --- Idée de sa composition.

A l'époque de la captivité dé Madame la Duchesse de Berry, au château de Blaye, le 10 *Décembre* 1832, *j'eus l'honneur d'adresser une supplique à la Chambre des Députés, à l'éffet de réclamer sa mise en liberté. Elle était conçue en termes mesurés et entièrement conforme à mon caractère et à mes principes. Ennemi de la coterie et de la cabale, je l'avais faite à mon privé nom. Elle n'a été ni censurée ni rejetée.*

Au malheur de la Princesse se rattachait celui de ses deux enfants. La vive émotion que me fit éprouver leur situation pénible, me suggera l'idée de porter dans leur âme quelque légère consolation qui adoucit, s'il était possible, les rigueurs de leur infortune. Je rédigeai à la hâte un petit ouvrage classique tout-à-fait étranger à la politique, ayant pour titre Essai d'une Esquisse sur la connaissance des Enigmes, Etrennes de 1833, *dont j'eus l'honneur de leur faire la dédicace que l'on ne pouvait regarder que comme le conpliment d'usage qui commence et finit au jour solannel des souhaits empressés. C'était l'expression pure et simple de mon sincère attachement aux Bourbons; je n'avais laissé échapper aucunne occasion de le leur témoigner lors qu'ils étaient au faite des grandeurs; les oublier dans les revers, c'eut été à mes yeux le comble de l'ingratitude. Rien ne pouvait donc me détourner de cette pensée.*

L'esprit entrainé par les circonstances peut bien, il est vrai, et doit même quelquefois maitriser la volonté; mais la nature a ses lois, et il est des sentiments auxquels le cœur ne veut jamais perdre ses droits.

Toutes mes dispositions étaient prises pour que cet opuscule dont on avait fixé le nombre des exemplaires à 2000 parût dans les derniers jours de 1832, mais il fallait avant tout remplir les formalités requises, et ce ne fût qu'après le 7 Janvier 1833 que l'on put en entreprendre l'impression.

Déjà l'on avait tiré la 1re feuille lorsqu'on s'apperçut seulement que le papier dont on avoit fait choix était tout employé. Comme on ne pouvait s'en procurer ailleurs sans perdre beaucoup de temps, on mit au rebut les 2000 exemplaires de la 1re feuille dont je supportai les frais, et l'on se vit forcé de recommencer le travail sur un autre papier qui ne pouvait donner que cinq cents exemplaires. On convint en même temps qu'on en imprimerait un pareil nombre sur des cartes.

D'un autre côté le Libraire qui devait me fournir les Cartons pour le jeu d'Enigmes avait chargé un commissionnaire de les prendre à Paris. Celui-ci à son départ de la Capitale, les laissa dans son Auberge; et l'on n'eut connaissance de cet oubli qu'après avoir pris plusieurs informations; car l'on ne savait bientôt plus d'abord ce qu'ils étaient devenus.

Cependant le mois de Février était déjà avancé et j'attendais encore avec impatience que l'ouvrage fut terminé. Quoiqu'il commençait à devenir presque hors de saison, attendu que l'époque ne coïncidait plus avec l'objet, je n'en persistai pas moins dans les mêmes intentions et je mis tout en œuvre pour arriver au but désiré.

Mais voilà que tout à coup mon intelligence fait une pause! Une force attractive et répulsive la tient comme en équilibre...... une voix qui venait de se faire entendre avait frappé mes sens, elle me semblait en appeller à ce Tribunal inflexible...... déjà le Juge a prononcé; la raison cède à la conscience.

Le projet fut donc remis à l'année suivante et j'en fus quitte en attendant pour mes peines, mes frais et quelques contrariétés, avec le regret surtout de n'avoir pu répondre à l'impulsion de mon cœur.

Sur ces entrefaites une circonstance imprévue vient prolonger indéfiniment le délai : En Novembre 1833 *conformément aux instructions ministérielles, on demandait à tous les Bibliothécaires divers renseignements sur leurs établissements ; il fallait s'en occuper de suite. Je crus voir dans ce projet, qui me paraissait d'une conception heureuse, l'occasion de continuer à me rendre utile à l'établissement et de donner une nouvelle preuve de mon attachement à l'Administration. Consultant donc plutôt mon zèle que mes faibles talents, je l'entrepris et l'exécutai en un in-folio de* 363 *pages, dont je fis l'hommage au Conseil Municipal d'Arras, avec autant de plaisir qu'il m'avait été agréable de le composer. il lui en fut expédié deux exemplaires ; l'un le* 10 *Novembre* 1834 *; et l'autre le* 12 *Août* 1836.

Tous ces délais et les événements facheux que j'ai eu à déplorer depuis, ont successivement apporté des obstacles à l'exécution de mon dessein.

Cependant me voyant sur le bord de ma tombe et pressé du désir de retirer de chez l'imprimeur un ouvrage qui avait fait une assez longue quarantaine, je me rendis chez lui afin de le prier de vouloir envoyer à la Préfecture les deux exemplaires exigés par la loi ; on me répondit qu'on ne pouvait sans se compromettre en faire le dépôt avant d'en avoir retranché quelques feuillets. J'écoutai son observation et lui laissai le soin de ne mettre au jour que ce qu'il croirait devoir être à l'abri de toute Censure. Les objets éliminés sont : La Dédicace, la Supplique et la Préface *qui embrassaient trois feuillets parmi ceux non numérotés.*

Ce petit ouvrage classique qui m'a été remis le 26 *Août* 1839, *contient cinq cents énigmes comprises dans mille vers ou cinq cents distiques distribués en cent décades, avec deux tables à la fin dont les mots sont ordonnés, dans la première selon le rang des matières, et dans la seconde suivant l'ordre alphabétique. On y trouve des sujets de Religion et de morale, d'histoire sacrée et profane, de géographie, de mythologie, d'histoire naturelle, etc.*

Nous avons fait de ces énigmes un jeu récréatif par le moyen de cent cartes dont une des faces présente des questions à résoudre, et d'un tableau synoptique renfermant cinq cents mots dont on récitera par cœur les vers qui s'y rapportent. Par ce double exercice, ménagé avec art, il sera facile d'obtenir de la part des élèves des résultats satisfaisants, et de juger du degré de leur intelligence, de leur mémoire et de leur instruction.

Arras, *le* 27 *Août* 1839.

FAUCHISON-DUPLESSIS.

ÉLÉMENTS

DE L'ART ÉNIGMATIQUE.

PREMIÈRE CHILIADE.

I.re DÉCADE.

Je suis, ami Lecteur, ce précieux trésor
Que l'on achèterait au poids même de l'or.

De tout le corps humain cette noble partie
Qui bat tous les moments que dure notre vie.

Ce qui toujours charmant, admirable en tous lieux,
N'offre rien qui ne plaise à l'esprit comme aux yeux.

Cet objet enchanteur qui s'empresse d'éclore
Pour briller un instant dans le pourpris de Flore.

O le précieux temps des souhaits empressés!
Mais à peine êtes-vous que vous disparaissez.

II.

Quel est le fils aîné de ce saint Patriarche
Qui, par ordre de Dieu, se retira dans l'Arche?

Le père vertueux de ce roi d'Israël
Qui du Prophète-roi fut l'ennemi cruel.

Cette antique cité que, par obéissance,
Quitta jadis le Chef de la sainte Croyance.

L'Enfant miraculeux, sauvé par Thermutis,
Qui fut législateur d'un célèbre pays.

Je signalai mon bras sur le Madianite,
Et je fus le vainqueur du fier Amalécite.

III.

Dans l'histoire je vois un empereur romain
Que le peuple nomma l'amour du genre humain.

Un Prince de renom qu'en tous lieux l'on révère,
Et qui fut des Français le vainqueur et le père.

Ce philosophe grec dont les savants écrits
Font l'admiration de tous les beaux esprits.

Un vieillard dont le sens ne fut pas moins utile
A la ligue des Grecs qu'à la valeur d'Achille.

Et ce pieux héros, ce Troyen généreux
Qui ravit à la flamme et son père et ses dieux.

IV.

J'ai la propriété de fixer la mémoire
Quand on veut avec fruit étudier l'histoire.

L'époque remarquable au peuple musulman,
D'où l'on compte les jours dans l'empire ottoman.

Je comprends tout le temps marqué pour la carrière
Que fournit dans son cours le soleil qui t'éclaire.

Le point chronologique où l'on a commencé
A compter parmi nous chaque siècle écoulé.

Divisons en six lots la seconde partie
De ce qui sert de règle au cours de notre vie.

V.

Je suis un corps sujet à divers changements,
Et centre, à ce qu'on dit, d'un des quatre éléments.

Ce qui des lieux connus marque la latitude,
La distance, le rumb des vents, la longitude.

Un signe du tropique, annuelle maison,
Que le soleil visite en la froide saison.

Dans la géométrie on trouve une figure
Dont en vain maint savant chercha la quadrature.

Plus prompt que les éclairs, plus léger que les vents,
Je termine mon cours quatre fois tous les ans.

VI.

La fable nous présente un être imaginaire
Qu'on dit être l'effroi d'une jeune bergère.

Le redoutable dieu qui, soufflant sur les eaux,
Détruit en un instant pilotes et vaisseaux.

Ce monstre de la mer à voix enchanteresse
Dont sut se garantir Ulysse avec adresse.

Un dieu qui paraissait sous mille aspects divers,
Et ne voulait parler s'il n'était dans les fers.

Et ce Prince cruel, au milieu des eaux même,
Qui sans cesse est en proie à une soif extrême.

VII.

L'agréable saison qui, chassant les frimats,
Ramène les plaisirs dans nos heureux climats.

Le riche très-souvent me quitte et m'abandonne
Pour goûter les douceurs de Flore et de Pomone.

Le champêtre séjour dont les simples attraits
Effacent la splendeur du plus brillant palais.

Sous mon ombre paisible, ô fortuné Tytire,
Tu sais charmer l'ennui que la retraite inspire.

Hâte-toi de venir, ô le plus beau des mois,
Pour rajeunir la terre et reverdir les bois.

VIII.

CET oiseau distingué par son joli plumage,
Son caractère aimable et son tendre ramage.

Le superbe animal par l'homme redouté,
Lorsqu'en certains déserts il se trouve engagé.

Un poisson délicat, connu par excellence,
Assez commun en mer et de plate apparence.

L'insecte industrieux dont le dard pénétrant
Cause à celui qu'il pique un mal prompt et cuisant.

Ce quadrupède enfin illustre dans l'histoire,
Et dont les Philistins maudirent la mâchoire.

IX.

CE Fantôme brillant qui charme ton sommeil,
Et que dans un instant efface le réveil.

Le confident muet que l'on fait sans mystère
De ses plus grands secrets l'heureux dépositaire.

Ce qui presque toujours fait malheureusement
Aujourd'hui de l'hymen le premier fondement.

Certain engagement qui d'abord paraît plaire,
Mais qui du repentir est suivi d'ordinaire.

Et le nom de celui qui, cessant d'être amant,
Veut s'ériger en maître absolu trop souvent.

X.

Exposé tous les jours sur la plaine liquide,
Je sers l'ambitieux et fends l'onde rapide.

Dans un pressant danger, ce que les matelots
Abandonnent souvent à la fureur des flots.

Ce terrible marin sujet au brigandage,
Et dont le nautonnier redoute l'abordage.

Je suis dans un combat l'asile d'un poltron,
Et souvent au vaincu j'ai servi de prison.

Un instrument de fer propre à vaincre l'orage;
C'est seulement sur mer qu'on peut en faire usage.

XI.

Ce qu'ordinairement fait un ambassadeur
Avec beaucoup de pompe et beaucoup de splendeur.

Homme éloquent et dont l'unique récompense
Est quelque grain d'encens que le public dispense.

Un grave personnage au collége admiré,
Souvent de l'écolier plus craint que révéré.

Heureux, cent fois heureux, lorsque dans ma jeunesse
J'ai d'un tendre modèle imité la sagesse!

Ce qu'Achille prenait du célèbre Chiron,
Et que donnait Polybe au jeune Scipion.

XII.

Le serpent monstrueux dont nous parle la fable,
Qui jadis à Cadmus devint si redoutable.

Vil animal grossier, fils du père des dieux,
J'ai vu l'Egyptien me présenter ses vœux.

Ce monstre fabuleux qu'on nous peint très-vorace,
Avec corps de vautour et féminine face.

Je t'offre aussi le nom de ce cheval fougueux,
De tout temps si terrible aux rimeurs hasardeux.

Autrefois un Romain, comme le dit l'histoire,
Notre appétit perdu, sans coupe nous fit boire.

XIII.

Comment appelle-t-on ce Pain mystérieux
Dont pendant quarante ans vécurent les Hébreux?

Ce céleste Repas dont parle l'Écriture,
Auquel participa l'Auteur de la nature.

Belle, pure et sans tache, et que rien n'égala,
J'enfantai dans le temps celui qui me forma.

Précurseur du Messie, antique solitaire,
Je fus d'un sacrement premier dépositaire.

Ministre du Seigneur, par mille assauts divers,
J'ai terrassé Satan dans le fond des enfers.

XIV.

Un meuble très-commun où se puise la joie,
Mais plus souvent encore où la raison se noie.

Circulaire, oblongue ou carrée, autour de moi
Je vois ceux que Bacchus tient rangés sous sa loi.

Je marche chancelant; que ma couche soit prête,
Et là se guérira mon pesant mal de tête.

Ce qui, loin de servir à leur amusement,
Mille fois des humains a causé le tourment.

Avec mesure prends cette liqueur vermeille
Que le dieu des coteaux fait couler de la treille.

XV.

Un coup qu'à certain jeu l'on joue en revenant;
De la robe d'un prêtre un petit ornement.

De Marie aisément tu trouveras la mère,
Et de Caïf aussi le fortuné beau-père.

Un terme très-connu de tout musicien,
Et qui, pris autrement, enferme notre bien.

Le grade avantageux que convoite un vicaire,
Et du dieu d'Epidaure un présent salutaire.

Ce que doit avec soin éviter un tailleur
Et quiconque est un peu délicat sur l'honneur.

XVI.

L'Astile que, pour mieux conserver son espèce,
Le peuple des oiseaux fait avec tant d'adresse.

J'offre un endroit boisé, vaste, seigneurial,
Agréable au chasseur, funeste à l'animal.

Le logis d'une bête à poil roux, longue oreille,
Et qui, les yeux ouverts, à ce qu'on dit, sommeille.

De l'insecte admirable un travail non pareil
Qui toujours se blanchit aux rayons du soleil.

Et ce qui des oiseaux fait tomber le plumage,
Et prive les bosquets de leur tendre ramage.

XVII.

Déesse, je transmets avec fidélité
Les hauts faits des héros à la postérité.

On cherchera le nom de la forêt d'Elide,
Repaire d'un lion étouffé par Alcide.

Ce redoutable dieu, l'appui des Souverains
Et qui, par ses efforts, seconde leurs desseins.

Un juge des enfers, jadis roi de Candie,
Petit-fils d'Agénor, grand roi de Phénicie.

Le nom de celui qui, par les accords divins
De sa lyre, bâtit la ville des Thébains.

XVIII.

Je tombai le premier sous les coups de l'envie,
Funeste passion, le tourment de la vie.

La Bible nous rapporte un ouvrage fameux
Que l'homme vain voulait élever jusqu'aux cieux.

L'époux infortuné que David adultère,
Par un ordre secret, fit périr à la guerre.

Celui dont nous tenons ce nectar précieux
Qui charme tous nos sens, mais souvent dangereux.

Et le nom trés-connu de ce roi frénétique
Que le jeune David calmait par la musique.

XIX.

A l'homme assujéti, dans mon chétif emploi,
Je suis moins méprisé quand j'appartiens au Roi.

N'importe la matière, une grande mesure
Ou quelqu'autre vaisseau souvent sans couverture.

On me met au cachot, on me perce le flanc;
Les plus humains sont même altérés de mon sang.

Souterrain où, malgré les docteurs de la Mecque,
Les savants de Bacchus font leur bibliothèque.

Reste d'une liqueur qu'un serviteur sensé
Laisse toujours au fond d'un tonneau bas percé.

XX.

Cet objet qui, formé des vapeurs de la terre,
Renferme dans son sein la grêle et le tonnerre.

Un présent de l'hiver, d'une extrême blancheur,
Qui garantit la terre et nuit au voyageur.

J'afflige les moissons par un affreux ravage;
Malheureux les colons qui sont sur mon passage!

Invisible, je suis le fier tyran des flots,
La terreur et l'objet des vœux des matelots.

Je ne viens pas, voilà tout un peuple en prière!
Me voici, l'on voudrait voir finir ma carrière!

XXI.

Ce mortel qui joyeux remplit son coffre-fort,
Et croit que le destin ne peut changer son sort.

De joie et de gaité je suis l'heureux présage
Qui s'annonce et paraît toujours sur le visage.

Ce qui bien cultivé fait honneur au bon sens,
Mais souvent dans le trop peut nuire à bien des gens.

L'état que doit fournir un homme de commerce
Lorsque le créancier le presse et le traverse.

Un malheureux défaut que le pauvre souvent
Reproche avec raison au cœur de l'opulent.

XXII.

Mon nom était connu de César, d'Alexandre;
Ma fureur a réduit plus d'un pays en cendre.

Un lieu fort dangereux pour qui veut le passer;
Dieu te garde, Lecteur, de jamais y glisser.

Je suis un corps très-rond, de différente taille,
Et sur deux fois trois pieds foudroyant en bataille.

L'ordre qu'avec prudence un chef donne aux soldats
Quand d'une longue route il trouve qu'ils sont las.

La demeure que Mars assigne au militaire
Pendant le trop long cours d'une cruelle guerre.

XXIII.

Ce respectable Corps, révéré des chrétiens,
Dont les décisions sont des ordres divins.

Mon usage en tous temps, quoique très-salutaire,
Dans un âge avancé semble peu nécessaire.

De l'Arabie heureuse un des riches trésors
Qui tempère mes feux et sert d'ame à mon corps.

Mot hébreu, grec, latin, connu de tout le monde,
Sur lequel, cher Lecteur, l'espérance se fonde.

Et ce dont un Prélat auguste, révéré,
Dans un grand jour de fête orne son front sacré.

XXIV.

Le nom de ce Ministre aimé tant dans la France
Dont on cite partout le zèle et la prudence.

Je parcourus jadis le vaste sein des mers
Pour offrir aux humains un nouvel univers.

Ce guerrier dont on vit la valeur intrépide
Des succès d'Attila borner le cours rapide.

Un des consuls romains qui vainquit tant de fois
Les Celtibériens et les Carthaginois.

Chez un peuple célèbre, une illustre Princesse
Dont de B.... fixa l'estime et la tendresse.

XXV.

Ce que le débiteur, hors d'état de payer,
Obtient assez souvent contre son créancier.

Magistrat qui, doué d'une extrême prudence,
Toujours punit le crime et venge l'innocence.

Comment appelle-t-on l'action que l'on fait
Sitôt que pour un autre on change quelqu'objet?

Ce que souvent on donne avec le plus d'aisance
Et sans en exiger aucune récompense.

Un ordre souverain du parlement anglais
Que le peuple en entier n'admet presque jamais.

XXVI.

J'OFFRE le nom d'un dieu célèbre en Arcadie,
Qui le premier d'un jonc tira de l'harmonie.

Celui qui dans les flots le Sphinx précipita,
Et par là les Thébains au malheur arracha.

Sans langue et sans raison, je parle et je m'explique;
Je chante tous les airs sans savoir la musique.

Je charmai les rochers par mes tendres accords,
Et je sus attendrir le dieu des sombres bords.

Musicien fameux qui, par la mélodie
De son luth enchanteur, sut conserver sa vie.

XXVII.

UN mal qui fait changer la parole et la voix,
Et qui met bien souvent la musique aux abois.

Ce que devient le front de la jeune Sophie
Lorsque quelque discours choque sa modestie.

Je suis un mal pénible et physique et moral;
J'afflige les humains par un destin fatal.

Celui qui ne saurait, quoiqu'il ait une langue,
Faire à qui que ce soit la plus courte harangue.

L'homme a besoin de moi, mais si je suis trop fort,
Méchante humeur, souvent je lui cause la mort.

XXVIII.

Bienfaisante couleur dont l'habile nature
Forma de nos vergers la riante parure.

Ce qui naît en hiver, qui reluit au soleil
Et qui porte un éclat à nul autre pareil.

Sans pinceau ni couleur, sans fard, sans imposture,
Je t'offre des objets une exacte peinture.

Dans la chimie on voit un métal mélangé
Par qui le vin souvent en poison est changé.

Et le nom de ce corps transparent et fragile
Qui nous sert tous les jours et nous est très-utile.

XXIX.

Ce que chaque mortel, avec avidité,
Souhaite de transmettre à la postérité.

Le nom de ce Romain qui paya de sa vie
La gloire de monter au trône d'Italie.

Ce qu'en vain Mithridate, abattu par le sort,
Mit en œuvre jadis pour se donner la mort.

Le Romain qui reçut le pardon de son crime,
Et que César vainquit par ce trait magnanime.

Cet empereur payen disant tout éperdu,
Incertain de son sort, ah! mon ame, où vas-tu?

XXX.

Le tissu qui dispense ici bas la lumière
Dès que l'astre du jour a fini sa carrière.

Du fer et de l'acier ce qui ternit l'éclat,
Qui disparaît bientôt quand on lime et qu'on bat.

La flamme, ô triste sort! en mon sein allumée,
Ne me laisse en mourant qu'une faible fumée.

Cette épaisse liqueur qui, par des traits divers,
Sait parler à tes yeux et te tracer ces vers.

Et puis cette matière et noire et combustible
Qui souvent à son toit peut devenir nuisible.

XXXI.

L'Aurore sur son char, au teint délicieux,
M'annonce à la nature en brillant dans les cieux.

L'endroit gracieux où deux aimables déesses
A nos yeux enchantés étalent leurs richesses.

Déjà tu vois éclore une charmante fleur,
Agréable à la vue et de suave odeur.

Cette autre non moins belle, emblême d'innocence,
Qui décora long-temps les armes de la France.

Modeste en ma parure, on me voit dans les champs
Croître parmi les blés à la fin du printemps.

XXXII.

Le nom de l'animal dont la riche fourrure
A ceux-ci sert de meuble, à ceux-là de parure.

Un poisson fort petit qui, dans le sein de l'eau,
Peut, dit-on, retenir le plus puissant vaisseau.

L'élégant ornement d'une bête sauvage
Qui pour elle souvent n'est qu'un triste avantage.

Tu trouveras encor le mâle de l'oiseau
Qui t'offre mets exquis, couche molle et pinceau.

Ce petit animal qui s'atterre et sommeille
Jusqu'à l'instant heureux où la chaleur l'éveille.

XXXIII.

Merveilleuse maison, je contiens les présents
Qu'un insecte volant apprête tous les ans.

Animal doux, timide, à peine suis-je au monde
Que mon maître bientôt demande qu'on me tonde.

L'ornement du coursier dont la nécessité
Egalera toujours la grâce et la beauté.

L'insecte précieux dont l'art inimitable
Offre à l'homme un tissu d'un travail admirable.

Quel est le nom qu'on donne à tous les animaux
Qui vivent sur la terre et dans le sein des eaux?

XXXIV.

Ce que le charretier, dans sa langue érudite,
Répète à ses chevaux pour avancer plus vite.

Vif, badin, sémillant, impertinent, bouffon,
Peu studieux, souvent malpropre, un peu fripon.

Le cri commun qu'on fait pour écarter la foule
Si par quelqu'accident un bâtiment s'écroule.

Je fais rire le peuple au milieu d'un marché,
Et des sots je me vois très-souvent recherché.

Un chemin très-commode et toujours fort utile,
Connu sous plusieurs noms au village, à la ville.

XXXV.

Coquille où prend naissance un fort joli bijou
Que plus d'une beauté fait briller à son cou.

Certain lieu qui fournit de l'or en abondance,
Commun dans le Pérou, très-rare dans la France.

Chez la plupart des grands un meuble de haut prix
Qui renferme bijous et perles et rubis.

Cet éclatant objet, pierre, poudre ou bien sable,
Dont pour si peu de temps on est insatiable.

En francs, ce qui pourrait te rendre assurément
Cinq pour un, cher Lecteur, dans le même moment.

XXXVI.

Ce qui chez les Romains, du temps des Aruspices,
Aux obsèques servait ainsi qu'aux sacrifices.

Par la témérité d'un jeune ambitieux,
Je remplis l'univers d'un déluge de feux.

La carte nous fait voir le royaume ou bien l'ile
Où Vénus autrefois choisit son domicile.

Masse énorme que roule un monarque pervers,
Sans pouvoir la fixer, au milieu des enfers.

J'ai conduit des héros vers un lointain rivage;
La toison d'or faisait l'objet de leur voyage.

XXXVII.

Ile qui renfermait un peuple de héros
Chaque jour signalant leur valeur sur les flots.

Ce château remarquable où jadis prit naissance
L'un de nos plus grands Rois qui régna sur la France.

Cette ville autrefois défendue avec art,
Conquise néanmoins par Philippe et Richard.

Cet endroit renommé par de fréquents miracles,
Où la Reine des cieux rend, dit-on, des oracles.

Et le siége divin de la nouvelle loi,
Le centre des chrétiens, le chef-lieu de la Foi.

XXXVIII.

Joignez une consonne avec les cinq voyelles,
Je suis un animal fourni de pieds et d'ailes.

Par mon chant matinal, je trouble ton repos
Et fais prendre la fuite au roi des animaux.

Quelle est cette féroce et redoutable bête
Qui d'une corne unique orne en naissant sa tête?

Très-agile animal, j'habite dans les bois
Et je suis réservé pour le plaisir des rois.

Fuis la cruelle dent de l'animal vorace
Dont un peuple chez lui sut éteindre la race.

XXXIX.

Dans la fable l'on voit la mère d'Epaphus
Donnée en surveillance au vigilant Argus.

Du chantre harmonieux modeste géniture,
A Silène autrefois j'ai servi de monture.

Géant fameux à qui la terreur des mortels
Fit jadis en Phrygie élever des autels.

Ce dieu rébarbatif qui, dans ses manoirs sombres,
Ne met tout son plaisir qu'à régner sur les ombres.

Et ce nom si connu qui fait peur aux enfants,
Dont on nous a donné tant de contes plaisants.

XL.

La pompeuse voiture où, rayonnant de gloire,
A Rome le vainqueur promenait sa victoire.

J'offre un séjour brillant, quelquefois dangereux,
Où souvent le mérite excite l'envieux.

On voit ici le nom de cette impératrice
En laquelle Joseph eut une protectrice.

Ce cruel empereur du peuple détesté,
Fils barbare, inhumain, monstre d'iniquité.

Et le nom de ce fourbe adroit dont l'artifice,
Si funeste aux Troyens, fut aux Grecs si propice.

XLI.

Je suis moins qu'un atôme, et qui fut jamais moins?
Puisse-t-il n'être pas le fruit de tous nos soins!

J'avance avec lenteur vers une fin prochaine
Et ne trouve en chemin que douleur et que peine.

Le formidable, triste et lugubre séjour
Où sans distinction l'on se rend tour-à-tour.

Une plaque d'airain ou de bronze ou de cuivre,
Qui fait voir aux passants qu'on a cessé de vivre.

Vois, mais fuis, si tu peux, certain objet hideux,
Appanage fatal d'un destin malheureux.

XLII.

J'ORNE le végétal à qui je dois mon être;
L'automne me flétrit le printemps me voit naître.

Un arbre toujours vert qui, par sa forte odeur,
De l'abeille, dit-on, rallentit la vigueur.

Le flexible arbrisseau dont la tige docile,
Façonnée avec art, devient un meuble utile.

Deux présents de Cérès, en la saison d'été,
Plus faibles qu'un roseau par les vents agité :
L'un est sur un long corps une tête chérie;
Ce corps est le second quand sa tête est meurtrie.

XLIII.

PROPICES aux humains, mille fleuves divers,
Par des chemins nouveaux, viennent joindre les mers.

Ce qui fait que le Nil, en répandant son onde,
Rend toute la campagne en Egypte féconde.

Un ouvrage construit artistement sur l'eau,
Propre à faire passer voyageur sans bateau.

Ce qui t'indiquera ce qu'il faut d'abord faire
Si par malheur tu viens à choir dans la rivière.

Ce qu'un vil intérêt, l'aiguillon du nocher,
Jusques au fond des mers nous fait souvent chercher.

XLIV

Je suis un instrument connu qui pulvérise
La plante dont peut-être on te donne une prise.

En hiver, près du feu, je sers dans la maison
Et je suis inutile en toute autre saison.

Fort commode aux humains, de nature fragile,
J'oppose aux aquilons une barrière utile.

Je deviens nécessaire au pieux voyageur
Dont Rome et Compostelle admirent la ferveur.

Tu vois avec surprise une armure sauvage,
Chez nos pères pourtant autrefois en usage.

XLV.

Je garde prudemment un silence obstiné,
Car je ne suis plus rien dès qu'on m'a deviné.

J'offre le nom d'un pape, anagramme très-juste
D'un jour d'hiver marqué pour une fête auguste.

Je suis de la nature un superbe rival
Qu'en combinant l'on change en chétif animal.

Je vais sur quatre pieds et, sans plus de colloque,
Je t'offre, ami Lecteur, ce qu'un poëte invoque.

Un pape très-ancien qui porte dans son nom
Un fleuve du levant et de très-grand renom.

XLVI.

Le nom de ce pays, fort ancien de l'Asie,
Qui de la vaste Perse aujourd'hui fait partie.

Le poste où Manlius défendit autrefois
Les Romains échappés au glaive des Gaulois.

Ce théâtre célèbre où César, par sa gloire,
Du vainqueur de Porus égale la mémoire.

J'offre un peuple fameux (d'où sortit le Romain)
Qu'un Troyen subjugua les armes à la main.

Et ce fleuve rapide où de Guiche à la nage
Signala sa valeur, son zèle et son courage.

XLVII.

Le coupable mortel qui, dans le sang humain,
A le premier trempé sa fratricide main.

Funeste impression que produit une offense
Et qui souvent en nous enfante la vengeance.

Un défaut très-commun aux grands comme aux petits,
Et principalement aux débiles esprits.

Le moyen dont se sert la malice sans force
Quand, ne pouvant contraindre, avec art elle amorce.

Le synonyme ancien de cette passion
Qui mit au camp des Grecs tant de division.

XLVIII.

Un roi, législateur d'une ville naissante
Qui devint par la suite et grande et florissante.

Le fardeau précieux qu'emporta sur son dos
De l'empire romain le plus grand des héros.

Ce vieillard, accablé sous sa triste patrie,
Qui perdit à la fois et l'empire et la vie.

Un illustre guerrier et dont Artaxercès
Au grand Agésilas opposa les succès.

Digne fils de Priam, je passe dans l'histoire
Pour un vaillant héros plein d'honneur et de gloire.

XLIX.

Je donne à l'homme un air riant et gracieux;
Je suis en même temps un animal peureux.

Un mot qui pris d'un sens désigne une monture;
Sous un autre rapport il offre une chaussure.

Un oiseau très-léger, ou la punition
D'un petit écolier qui dit mal sa leçon.

Cherche dans la forêt un nid de souveraine,
Et l'endroit de la grange où le blé l'on égraine.

D'une fête l'éclat et souvent de la mort;
J'arrête aussi du feu l'impétueux essor.

L.

On voit en Italie une ancienne ville
Où Marcellus parut aussi brave qu'habile.

Ce grand fleuve du nord dont le cours tortueux
Va se perdre à la fin dans un marais fameux.

Le chef-lieu d'un comté qui confine à la France
Vers les bords parfumés qu'arrose la Durance.

Nomme-moi cette ville où Caton eut le sort
De laisser un vain titre à son nom par sa mort.

Et l'antique cité, célèbre dans l'histoire,
Qui d'Achille et d'Hector illustra la mémoire.

LI.

Quel est le nom du vase où le maître des dieux
Jadis se fit verser le jus délicieux?

Du bon tu trouveras ici la double dose;
Peut-on à ses amis offrir meilleure chose?

Un breuvage flatteur, avec soin apprêté,
Que l'art industrieux offre à la volupté.

De la Chine je suis l'ordinaire breuvage
Dont la France aujourd'hui n'ignore pas l'usage.

Et le vase brillant où coule la liqueur
Qui rassure la tête et réjouit le cœur.

LII.

En tous lieux, à la Cour, à la ville, au village
Et jusques à l'autel on me met en usage.

Le nom de ce tissu de fils entrelacés
Duquel en un ménage on n'a jamais assez.

Sous les plis gracieux de ma forme ondoyante,
J'ornerai les contours de la taille élégante.

Un meuble nécessaire où le dieu du repos
Dans les sens des humains fait couler ses pavots,

Et cet outil enfin, d'assez fréquent usage,
Dont une fille s'arme en prenant son ouvrage.

LIII.

Ce sacré monument où le chrétien pieux
Vient offrir au Seigneur son encens et ses vœux.

Quel est dans le lieu saint ce signe de tristesse
Qu'élevaient autrefois le faste et la tendresse?

Ce qu'en jour solennel, avec dévotion,
L'on porte quelquefois à la procession.

Ce qui servait jadis pour l'infame supplice
De celui qu'immolait son crime à la justice.

Je suis un ornement et brillant et pompeux
Qui surmonte le trône et qu'on porte aux saints lieux.

LIV.

D'un champêtre instrument l'arme si nécessaire
Au laboureur actif pour sillonner la terre.

Une machine à vis, utile au serrurier
Pour tenir aisément et le fer et l'acier.

Un meuble très-commun au village, à l'armée,
Où tout ce qu'on y met se réduit en fumée.

Un outil dentelé servant au charpentier,
Au charron et surtout encore au menuisier.

Et ce dont autrefois se servirent nos pères
Pour renverser des tours, des murailles entières.

LV.

Un os du corps humain qui s'emboîte au fémur,
S'attache au tibia, rend le marcher plus sûr.

Cette éponge de chair, selon l'anatomie,
Le seul et le vrai lieu de la mélancolie.

Ce que presque jamais on n'apporte en naissant,
Et que par fois aussi l'on n'a plus en mourant.

J'appartiens à ton corps, et quoiqu'à ta structure
Je sois essentiel, c'est souvent une injure.

Quel fut le seul endroit que négligea Thétis
Lorsque, dans l'onde noire, elle plongea son fils?

LVI.

L'ACTION que produit cette liqueur vermeille,
Lorsque le doux glouglou vient frapper notre oreille.

Par mon concours heureux, quand il est bien au fait
Le joueur réussit fort souvent au piquet.

Un petit globe propre à des jeux d'exercice,
Pour le plaisir de l'homme agréable artifice.

Ce que font bien des gens, ce que fait fort souvent
Un coupable qui cherche à paraître innocent.

Ce qu'excite chez toi la peinture naïve
D'un fait conté par un ingénieux convive.

LVII.

DEUX villes dans la France ayant un même nom :
L'une au comté d'Artois, l'autre au pays Gascon.

Je suis langue féconde ; ou peuple très-avare,
Médecin, géomètre, éloquent, mais barbare.

L'un des plus pétillants de nos coteaux vineux ;
Et dans notre langage un accent douloureux.

Au pays Allemand, sur la Meuse une ville ;
Et dans un autre sens écorce assez utile.

Des Nègres et des Turcs l'ordinaire aliment ;
Un nombre qui de trois est suivi constamment.

LVIII.

Un mot que nos savants, voulant fronder l'usage,
Essayèrent en vain d'exclure du langage.

En français, en latin, une conjonction
Qui sert à désigner une condition.

Quel est le petit mot dont s'est servi Térence,
Ce poète excellent, pour imposer silence?

Dans le français on trouve une exclamation
De douleur, de surprise ou d'admiration.

Et dans notré grammaire, une ronde figure
Qui fera reposer l'homme dans sa lecture.

LIX.

Parcourons La Fontaine, il nous présente aux yeux
Un oiseau d'un plumage assez miraculeux.

Vil insecte, ennemi de la déesse Flore,
Je fais souvent mourir ce qu'elle fait éclore.

Mélancolique oiseau, grand ennemi du bruit,
Je me cache le jour et vole dans la nuit.

Je suis une chétive et méprisable bête
Dont, pour peu qu'on me touche, on ne voit plus la tête.

Et le nom que l'on donne au petit animal
Que tu vois à ton pré faire souvent grand mal.

LX.

Dans la France je t'offre une cité brillante,
Qui surprend l'étranger, le ravit et l'enchante.

Ville considérable et d'où Charles Martel
Emporta ce surnom qui le rend immortel.

Cet endroit où Monfort, animé par la gloire,
Ne dut qu'à son courage une illustre victoire.

Une ville où César, par sa capacité,
Fit voir du capitaine un modèle achevé.

Ce bourg très-fréquenté qu'on voit en Picardie,
Célèbre par l'honneur qu'on y rend à Marie.

LXI.

On trouve ici le nom de l'immortel auteur
Dont La Fontaine fut habile imitateur.

Le sage confident d'un prince dont l'idole
Eut toujours pour objet une gloire frivole.

Ce célèbre écrivain, latiniste fameux,
Qui fit de la folie un éloge pompeux.

Chez les auteurs latins, un fabuliste illustre
Qui des écrits d'Esope emprunta tout son lustre.

Et dans la Grèce enfin ce chantre si vanté,
D'Alexandre-le-Grand justement estimé.

LXII.

Je suis un mal affreux que rien vous communique ;
L'effet en est terrible et bien souvent tragique.

Quelle est la qualité que l'on donne à la faim,
Quand pendant quelques jours on a manqué de pain ?

Un mal chez les Hébreux, autrefois très-funeste,
Que l'on craignait autant qu'on redoute la peste.

O malheureux effet de mon impression !
Le malade est sans voix, sans respiration.

Et ce puissant effort qui, dans la maladie,
Vient décider enfin ou la mort ou la vie.

LXIII.

Le nom de celui qui, de.... sa puissante main,
Modère et régit seul le pouvoir souverain.

Je suis cette moitié de tout ce qui respire,
Qui seule des Français peut gouverner l'empire.

Certain droit établi pour distinguer les rangs,
Et qu'on voit tous les jours à la suite des grands.

Celui de mes enfants à qui dame nature
A concédé le pas sur ma progéniture.

Ce que nous sommes tous à nos premiers parents,
Et ce qu'à notre égard seront nos descendants.

LXIV.

Ce que l'industrieuse et riante Pomone,
Dans nos vastes vergers, fait briller en automne.

Le nom de ce gros fruit, parmi nous si vanté,
Que l'on sème en hiver et qu'on mange en été.

Dans les vastes pourpris de Cérès et de Flore,
Je nais en un instant, je croîs avant l'aurore.

Cet arbrisseau rampant dont les rameaux touffus
Ceignent à triple rang le front du dieu Bacchus.

L'excellent fruit enfin dont le goût flatte l'homme,
Et que l'on fait aller de pair avec la pomme.

LXV.

L'Écriture nous offre un prophète fameux
Qui, sur un char brillant, s'envola dans les cieux.

Un patriarche ancien et le chef et le père
D'une tribu nommée au sacré ministère.

Le séjour fortuné de nos premiers parents,
Que devait embellir un éternel printemps.

Ce désert fameux où le peuple Israélite
Trouva des aliments pendant toute sa fuite.

Et le nom si connu de cet asile heureux
Où Dieu sauva des eaux un mortel vertueux.

LXVI.

Le mobile attribut qu'adopte la fortune
Et qu'on voit sans raison joint au char de Neptune.

L'arme dont autrefois se servit Apollon
Pour enlever la vie au monstrueux Python.

L'instrument qui servit à Vulcain en Sicile,
Quand ce dieu fabriqua le bouclier d'Achille.

Ce que porte à la main cet illustre héros,
Dans la fable connu par ses douze travaux.

A Pluton consacré, je suis lugubre et sombre;
Et malheur à celui qui repose à mon ombre!

LXVII.

Je m'offre à tes besoins de plus d'une façon;
De moi l'on fait du pain et certaine boisson.

Ce qu'à coups redoublés et sous un toit rustique,
De l'écume du lait une femme fabrique.

Certain petit canal que l'on fait à son gré,
Pour arroser ou bien pour dessécher un pré.

Ce que le vent, moteur d'une utile machine,
Avec économie extrait de la farine.

Et ce qui couvre enfin le rustique séjour
Que la vertu choisit en désertant la Cour.

LXVIII.

Ce qu'un concile oppose à l'erreur indocile,
Ou bien un général à la plus fière ville.

Un terme musical qui, pris différemment,
De certains mots obscurs est l'éclaircissement.

Mon nom t'offre, Lecteur, une liqueur amère
Qu'on prend au figuré pour signe de colère.

Des dieux la messagère, ou le nom d'une fleur
Qui, suivant les pays, prend une autre couleur,

Une femme sans mère a par moi reçu l'être,
Et le pilote habile a soin de me connaître.

LXIX.

Un discours mesuré, sublime, harmonieux,
Appelé mille fois le langage des dieux.

Ce que fit des Barreaux dans un péril extrême,
Pour attester de Dieu la puissance suprême.

Souvent on cherche en vain ce précieux talent
Qu'on ne peut acquérir s'il ne vient en naissant.

Quel est aussi le nom de ce poétique ouvrage
Que Malherbe et Ronsard ont mis en leur langage?

Ce qui, mâle ou femelle, a pris toujours son nom
De deux êtres unis formant un même son.

LXX.

PRENDS la carte, LECTEUR; cherche en France une ville
Connue à l'embonpoint d'un peuple volatile.

Une autre dans l'Artois où, selon Piganiol,
Le Grand Condé jadis foudroya l'Espagnol.

Le nom d'une rivière où l'Aisne vagabonde
Dépose avec fierté le tribut de son onde.

Espace assez étroit, encavé par les flots,
Pour servir de barrière à deux peuples rivaux.

Et non loin de la Seine, on voit une province
Où le fromage est bon et le vin est fort mince.

LXXI.

UN athlète chrétien qui remporte le prix,
Bien supérieur à ceux que l'on vantait jadis.

Ce saint très-révéré sur les bords de la Loire
Et dont plus d'un haut fait éternisa la gloire.

La Légende nous offre un illustre prélat
Que la ville d'Angers honore avec éclat.

Nom qu'obtint Louis IX pour sa constance rare,
Quand il fut fait captif par un vainqueur barbare.

Quel est enfin celui que le coq avertit
D'aller pleurer son triple et nocturne délit?

LXXII.

C'EST dans le temps surtout où Mars souffle la guerre
Que mon emploi devient au soldat nécessaire.

Ce sinistre métal dont le ciel en courroux
Arma l'homme autrefois pour nous détruire tous.

Je suis une arme à feu qui dépeuple la terre
Et dont le bruit affreux imite le tonnerre.

Jadis dans un tournois je mis la France en deuil,
Faisant passer son roi des plaisirs au cercueil.

Enfin l'ardent fourneau que des mains homicides
Ont creusé sous les pas des guerriers intrépides.

LXXIII.

L'ANIMAL qui nourrit le plus puissant des dieux
Et que depuis ce temps il plaça dans les cieux.

Une île où Jupiter fit fabriquer la foudre
Qui réduisit jadis tous les Titans en poudre.

Fille de Thestius, c'est moi qui mis au jour
Ces jumeaux qui du ciel jouissaient tour-à-tour.

Veux-tu, mon cher LECTEUR, connaître mon essence?
Je n'ai rien de constant que ma seule inconstance.

Déesse d'équité! reviens dans nos climats,
Vers ton peuple chéri dirige enfin tes pas.

LXXIV.

D'un insecte étranger l'inimitable ouvrage
Dont on fait des habits pour tout temps, pour tout âge.

De l'abeille qui va picotant chaque fleur
L'agréable, le doux et précieux labeur.

Ce qui du villageois renferme la chevance,
Lorsqu'il vient à la ville apporter l'abondance.

Substance que produit l'écume de la mer
Et qui non mitigée a le goût fort amer.

Certaine qualité qui peut rendre agréable
Ce qui souvent serait sans elle détestable.

LXXV.

La machine qui sert à mesurer le temps
Et fait entendre à tous les heures, les moments.

Ce que dans peu de temps, sur ton triste visage,
Imprimera des ans l'irréparable outrage.

Et ce qu'en vain, malgré les arrêts du destin,
L'homme desirerait se prolonger sans fin.

Voyez comme le temps et vous touche et vous quitte,
Et dans mon vaste sein comme il se précipite!

Détrompez-vous, mortels, sortez de votre erreur;
Vous trouverez chez moi le solide bonheur.

LXXVI.

L'ÉLÉMENT où souvent l'avarice importune
Nous fait trouver la mort en cherchant la fortune.

Ce qui fait le desir des pâles matelots,
Lorsque le dieu des vents fait soulever les flots.

Je sais, dans un gros temps de tempête et d'orage,
Garantir par mon art un vaisseau du naufrage.

Ce dont, lorsque le calme enfin succède au vent,
Sur la liquide plaine on se sert fort souvent.

Le redoutable écueil que, sur l'onde perfide,
Evite avec grand soin le pilote intrépide.

LXXVII.

POUR immortaliser leurs glorieux travaux,
Au rang même des dieux je plaçai les héros.

Nomme-moi cet endroit que la mer environne;
Où Junon relégua sa rivale Latone.

Ce lieu que Fénélon orna de son pinceau,
Quand Télémaque y fut conduit par Calipso.

Le fleuve qui traverse un bout de l'Italie,
Où le fils du Soleil jadis perdit la vie.

La montagne célèbre où les fils de Vulcain
Fabriquaient à grands coups les foudres de Jupin.

LXXVIII.

Le théâtre sanglant où la mort assouvie
Semble ne s'occuper qu'à secourir la vie.

Un endroit fait de brique, ami de la chaleur,
Qui sert au boulanger ainsi qu'au rôtisseur.

La perdrix, le pigeon, la grive, la bécasse,
Souvent contre le feu n'ont que moi pour cuirasse.

Je suis désagréable au goût, à l'odorat;
On peut me rejeter sans être délicat.

Et sans moi, quelque bien qu'un rôtisseur travaille,
Dans son métier souvent ne ferait rien qui vaille.

LXXIX.

Être spirituel, céleste et glorieux,
Qui veille sur nos pas en tous temps, en tous lieux.

Vieillard pour qui la mort n'eut rien de redoutable,
Quand ses yeux eurent vu le Messie adorable.

Je te présente ici ce saint de Montpellier
Qui tient rang au mois d'août dans le calendrier.

Le vénérable nom de ce prélat antique
Qui d'un prince payen fit un roi catholique.

Ce livre tout divin du saint Législateur
Qu'on ne peut, sans blasphème, accuser d'imposteur.

LXXX.

La saison de l'année où l'aimable nature
Accorde au laboureur les fruits de sa culture.

Un grain très-précieux dont la blonde Cérès
Du colon tous les ans enrichit les guérets.

Terrain qui méconnaît le travail des charrues,
Uniquement fécond par le bienfait des nues.

Un aliment commun qui, sans beaucoup d'apprêts,
Le malade excepté, ne dégoûte jamais.

Ce grain fort nourrissant qui, dans la vaste Asie,
Des peuples malheureux soutient la triste vie.

LXXXI.

Ce que le naturel inspire au chien basset,
Quand il sent ce qu'il cherche au milieu d'un bosquet.

D'un animal cornu cet organe fertile
Qu'on presse pour nourrir la campagne et la ville.

Le meuble sur lequel le renard apprêta
Le brouet dont cigogne à regret ne tâta.

Je vois avec effroi la victime tremblante
Que le vautour enlève et dévore sanglante.

Enfin l'on cherchera ce qui dans un cheval
N'est souvent qu'habitude et passe pour un mal.

LXXXII.

Le surnom d'un Romain qui, seul par son courage,
Sauva Rome du sac et gagna le rivage.

D'un desir curieux ce savant tourmenté,
Cruellement puni de sa témérité.

Ce qu'en l'île de Crète, Ariane abusée
Donna, pour le guider, au perfide Thésée.

Ce que, selon l'histoire, au camp de Porsenna,
Un Romain intrépide autrefois se brûla.

Ce guerrier que l'on vit, sur le point de combattre,
Oublier son honneur pour suivre Cléopatre.

LXXXIII.

Quel est cet alphabet du beau monde connu,
Par la mode et le goût toujours bien soutenu?

Cet antique instrument dont la douce harmonie
A su rendre autrefois Eurydice à la vie.

Ce que tu trouveras sous tes doigts en chemin,
Lorsque tu toucheras piano, clavecin.

Cet objet que j'entends, dans la forêt voisine,
Rappeler les limiers qui sont sur la colline.

Instrument de village, ah! que ton sort est beau!
Les bergers, pour t'entendre, accourent du hameau.

LXXXIV.

Cette plante commune et d'un très-grand usage,
Dont l'utile produit ne sert point au sauvage.

Une antique monnaie ; un carton presque nu,
De maint escroc souvent l'unique revenu.

Ce qu'on voit à l'oiseau naturel, nécessaire ;
Ou bien de maintes gens l'acte trop ordinaire.

Le partage de ceux qui se trouvent sans dent ;
A sa bonne le nom que donne un jeune enfant.

Un mot à double sens qu'à deux arts on destine :
Applicable à la scène et propre à la cuisine.

LXXXV.

Les dieux que les Romains plaçaient au coin du feu,
Dieux de bal dont souvent ils ne faisaient qu'un jeu.

Des amours de Phœbus une nymphe alarmée
Et qui fut, dans sa fuite, en laurier transformée.

Je te présente ici la fille de Junon,
Qui près du roi des dieux eut l'emploi d'échanson.

Quel est donc ce dieu qui, par d'inutiles songes,
Sans cesse nous repaît d'agréables mensonges ?

Pourquoi couper sitôt le fil de mes beaux jours,
Lorsque tout me semblait promettre un plus long cours !

LXXXVI.

Le nom qu'avaient les rois du Pérou, du Mexique,
Avant que l'Espagnol eût conquis l'Amérique.

L'individu qu'adore, à l'égal de ses dieux,
Le Tartare ignorant et superstitieux.

Quel est le nom du chef de la race proscrite,
Que poursuivit toujours le peuple Israélite?

Mon nom t'indiquera ce haut titre d'honneur
Qui, chez le peuple Turc, désigne un grand Seigneur.

A la Chine, au Japon on voit un solitaire
Qui, dans l'obscurité, mène une vie austère.

LXXXVII.

Je fais, triste mortel, ton ennuyeux séjour;
Dans mon sein maternel tu dois rentrer un jour.

Je vole avec plaisir pour la belle jeunesse;
D'un pas précipité j'emporte la vieillesse.

Tout commence, mais rien ne peut cesser sans moi;
Le seul Être éternel ne subit point ma loi.

Celle qui, des humains terminant la carrière,
Les fait sans pitié rentrer dans la poussière.

Quel est le court trajet qui, du triste berceau,
Conduit sans y penser les hommes au tombeau?

LXXXVIII.

Le petit animal que mit en dialogue
L'artiste ingénieux de plus d'un apologue.

Cet oiseau vigilant qui sauva les Romains
Et dont tu tiens souvent la dépouille en tes mains.

Très-timide animal, de la peur vrai symbole,
J'ai le pied si léger qu'on dirait que je vole.

Le nom de cet oiseau dont l'ennuyeux caquet
Est comparé souvent au bavard indiscret.

Mon naturel toujours est d'être sanguinaire,
Fin, rusé, souple, adroit, traître comme un corsaire.

LXXXIX.

Un mot fort en usage et qui souvent est pris
Pour peindre un objet bas et digne de mépris.

Défaut de la nature, il tient fort du pygmée;
Car son corps n'a de haut qu'une seule coudée.

Celui qui, nuit et jour, occupé de son or,
Croit au plus petit bruit qu'on pille son trésor.

L'objet qu'on se propose et l'objet qu'on envie,
Quand on veut, cher Lecteur, mettre à la loterie.

Fixe l'onde et tu vois ce fantôme trompeur
Qui jadis de Narcisse a causé le malheur.

LXXXX.

Le pays où jadis le père de Neptune,
Chassé du ciel, alla cacher son infortune.

Royaume qui vit naître un poète fameux,
Musicien célèbre, époux très-malheureux.

La montagne où Pâris, en jugeant la querelle,
De trois divinités proclama la plus belle.

Cet élément subtil qu'un homme audacieux
Ravit, selon la fable, à la voûte des cieux.

Au sud de l'Archipel un endroit où Thésée
Aux dangers les plus grands vit sa vie exposée.

XCI.

Je suis de votre corps l'organe le plus beau,
Son plus cher ornement, son guide, son flambeau.

Le pivot que fatigue une tête follette
Qui tourne incessamment comme une girouette.

L'endroit noble et charmant où l'on voit réunis
Chez vous, aimable Enfant, les roses et les lis.

J'offre du corps humain une belle partie,
Et que si l'on tranchait, l'on trancherait la vie,

Cette membrane enfin qui sans cesse, en tous lieux,
Veille à la sûreté d'un dépôt précieux.

XCII.

Je présente en été, sous mon épais feuillage,
Au voyageur un frais et salutaire ombrage.

Ce qui porte le fruit qui donne la liqueur
Dont Noé fut jadis le premier inventeur.

Cet arbre maltraité du passant trop avide,
Et dont on peut trouver les plaintes dans Ovide.

L'arbre majestueux dont le front toujours vert
Nous fait voir le printemps au milieu de l'hiver.

Ce célèbre arbrisseau d'une odeur agréable,
Dont les anciens faisaient un parfum délectable.

XCIII.

On rencontre partout ce parasite ailé
Par qui l'humble bétail est souvent harcelé.

Cette animal femelle à la dent meurtrière,
Redoutable et terrible au chasseur téméraire.

Mon chant te déplaît, mais ma plume assurément
Offre toujours aux yeux un nouvel agrément.

Un animal gourmand connu par ses folies,
Par son adroite ruse et ses minauderies.

J'annonçai le retour de l'époux de Sara;
On le vit avec joie et son père en pleura.

XCIV.

Je t'offre ici le nom de l'utile machine
Où l'on verse le grain dont on fait la farine.

Un magasin mi-clos, utile aux campagnards,
Qui leur met à l'abri harnois, bois, paille et chars.

Cette terre en carreaux, dans des cadres bien cuite,
Dont la fameuse tour de Babel fut construite.

Produit de l'ouvrier, je sais blanchir la main;
Et sans moi nul mortel ne mangerait de pain.

Tu trouveras aussi l'instrument nécessaire,
Qui fait changer du lait la nature ordinaire.

XCV.

Du monde une partie où brillèrent jadis
Les talents des Cyrus et des Sémyramis.

Un empire situé dans l'Europe et l'Asie,
Très-souvent menacé par celui de Russie.

Ce peuple fier qui mit tous les rois dans ses fers,
Et qui donna jadis des lois à l'univers.

Un fleuve renommé dont l'heureuse influence
Fertilise la terre et produit l'abondance.

Et ce pays lointain d'où nous vient à grands frais
Ce qui fait l'ornement de nos riches buffets.

XCVI.

Cet inflexible juge et dont le témoignage
Tourmente le méchant et rassure le sage.

Cette rare vertu, ce don si précieux
Que sans lui l'on ne peut jamais entrer aux cieux.

Ce souffle tout divin, la moitié de toi-même,
Chef-d'œuvre si parfait de la grandeur suprême.

Un lieu dont les vertus nous ouvrent le chemin,
Qui doit être, Lecteur, notre dernière fin.

Et cet Etre éternel, quoiqu'en dise l'athée,
Dont l'existence à l'homme est partout démontrée.

XCVII.

Victime de sa force, un athlète connu
Par un arbre entr'ouvert se voyant retenu.

Petite île où naquit ce héros de la Grèce
Connu par ses erreurs, connu par sa faiblesse.

Le miroir où Narcisse, amoureux sans espoir,
Savourait à longs traits le plaisir de se voir.

La route que traça l'ingénieux Dédale,
Pour Icare son fils malheureuse et fatale.

C'est chez moi qu'Alexandre, oubliant ses ayeux,
Voulut qu'on le nommât fils du plus grand des dieux.

XCVIII.

Ce qu'avec majesté nous annonce l'aurore,
Et que nous admirons en le voyant éclore.

Le moment où Phœbus va retrouver Thétis,
Pour rallumer ses feux par sa course amortis.

L'élément dans lequel, pour s'élever aux nues,
Montgolfier sut trouver des routes inconnues.

Cherche deux points fameux sur lesquels on peut voir,
Sous un même coup d'œil, la sphère se mouvoir.

Au gré du voiturier, je force deux jumelles
A suivre dans leurs cours deux lignes parallèles.

XCIX.

Ce qu'un adroit cocher, sur son siége assuré,
Ne cesse de tenir avec dextérité.

Le point fixe et constant où le sage s'arrête,
Malgré les vains efforts qui roulent sur sa tête.

Ce que l'on soutient mal dans la société,
Soit par trop de bassesse ou par trop de fierté.

Ce qu'un prince ou héros, de laurier trop avide,
Gagne plus par exploits que par vertu solide.

Que voulait le vieillard, près d'aller au tombeau,
Lorsque flèche par flèche il rompait le faisceau?

C.

Je deviens de tes jours un secours desirable,
Et j'engage un convive à prendre place à table.

Fils de la sombre nuit, je procure aux mortels
Ce qui suspend leurs maux, même les plus cruels.

Ce qui suit le sommeil, ce moment agréable
Lorsqu'il est précédé du calme favorable.

C'est moi qui rends aux corps la force et la vigueur,
Et des sens énervés ranime la langueur.

Quoique je sois toujours les charmes de la vie,
Souvent pour le plaisir je vois que l'on m'oublie.

FIN.

TABLE DES MOTS DES ENIGMES

SELON LE RANG DES MATIÈRES,

Avec l'indication, en chiffres romains, des décades auxquelles ils appartiennent.

Valet. XIX.
Pot.
Tonneau.
Cave.
Lie.

Nuage. XX.
Neige.
Grêle.
Vent.
Pluie.

Riche. XXI.
Ris (gaité.)
Esprit.
Bilan.
Dureté.

Bataille. XXII.
Précipice.
Boulet.
Alte.
Tente.

Eglise. XXIII.
Catéchisme.
Encensoir.
Amen.
Mitre.

Sully. XXIV.
Colomb.
Ætius.
Scipion.
M. C.

Délai. XXV.
Juge.
Troc.
Avis.
Bill.

Pan. XXVI.
Œdipe.
Echo.
Orphée.
Arion.

Rhume. XXVII.
Rouge.
Peine.
Muet.
Bile.

Vert. XXVIII.
Givre.
Miroir.
Litharge.
Verre.

Nom. XXIX.
César.
Poison.
Cinna.
Adrien.

Mèche. XXX.
Rouille.
Chandelle.
Encre.
Suie.

Matin. XXXI.
Jardin.
Rose.
Lis.
Bluet.

Martre. XXXII.
Rémore.
Bois.
Jar.
Loir.

Ruche. XXXIII.
Mouton.
Crinière.
Ver-à-soie.
Amphibie.

Hue. XXXIV.
Polisson.
Gare.
Farceur.
Rue.

Nacre. XXXV.
Mine d'or.
Ecrin.
Or.
Pièce de 5 fr.

Urne. XXXVI.
Char du Soleil.
Cypre.
Rocher.
Argo.

Malte. XXXVII.
Pau.
Acre (s. J. d').
Lorette.
Rome.

Oiseau. XXXVIII.
Coq.
Rhinocéros.
Cerf.
Loup.

Io. XXXIX.
Anon.
Og.
Pluton.
Fées.

XL.
Char.
Cour.
Poppée.
Néron.
Sinon.

XLI.
Rien.
Vieillard.
Cercueil.
Epitaphe.
E....

XLII.
Feuille.
If.
Osier.
Epi.
Paille.

XLIII.
Canaux.
Crue.
Pont.
Nager.
Perle.

XLIV.
Rape.
Ecran.
Vitre.
Bourdon.
Carquois.

XLV.
Logogriphe.
Léon.
Art.
Muse.
Lin (pape.)

XLVI.
Médie.
Capitole.
Gaule.
Latin.
Rhin.

XLVII.
Caïn.
Haine.
Vanité.
Ruse.
Ire.

XLVIII.
Numa.
Anchise.
Priam.
Conon.
Hector.

XLIX.
Souris.
Mule.
Pinçon.
Aire (nid, etc.)
Pompe.

L.
Nole.
Tanaïs.
Nice.
Utique.
Troye.

LI.
Coupe.
Bonbon.
Sirop.
Thé.
Tasse.

LII.
Linge.
Toile.
Robe.
Lit.
Dé.

LIII.
Temple.
Litre.
Relique.
Croix.
Dais.

LIV.
Soc.
Etau.
Pipe.
Scie.
Bélier.

LV.
Rotule.
Rate.
Dent.
Talon.
Crâne.

LVI.
Couler.
Ecart.
Boule.
Nier.
Rire.

LVII.
Aire (ville.)
Arabe.
Aï.
Liége.
Mil.

LVIII.
Car.
Si.
St.
Ah !
Point.

LIX.
Geai.
Ver.
Hibou.
Limaçon.
Taupe.

LX.
Paris.
Tours.
Muret.
Arques.
Liesse.

Esope. LXI.
Cinéas.
Erasme.
Phèdre.
Homère.

Rage. LXII.
Canine.
Lèpre.
Asthme.
Crise.

Monarque. LXIII.
Mâle.
Livrée.
Aîné (l').
Race.

Pomme. LXIV.
Melon.
Champignon.
Lierre.
Poire.

Elie. LXV.
Lévi.
Eden.
Sin.
Arche.

Roue. LXVI.
Arc.
Pince.
Massue.
Cyprès.

Orge. LXVII.
Beurre.
Rigole.
Son.
Chaume.

Canon (loi.) LXVIII.
Note.
Fiel.
Iris.
Côte.

Poëme. LXIX.
Sonnet.
Poésie.
Ode.
Rime.

Mans (le). LXX.
Lens.
Oise.
Pas-de-Calais.
Brie.

Martyr. LXXI.
Martin.
Réné.
Héros.
Pierre.

Arme. LXXII.
Fer.
Canon (arme.)
Lance.
Mine de guerre.

Chèvre (Am.) LXXIII.
Lemnos.
Léda.
Fortune.
Astrée.

Soie. LXXIV.
Miel.
Sac.
Sel.
Net.

Horloge. LXXV.
Ride.
Vie.
Eternité.
Vertu.

Mer. LXXVI.
Port.
Pilote.
Rame.
Roc.

Apothéose. LXXVII.
Délos.
Grotte.
Pô.
Etna.

Etal. LXXVIII.
Four.
Barde.
Rance.
Lard.

Ange. LXXIX
Siméon.
Roch.
Remi.
Evangile.

Eté. LXXX.
Blé.
Pré.
Pain.
Ris (grain.)

Japper. LXXXI.
Pis.
Assiette.
Proie.
Tic.

Coclès LXXXII.
Pline.
Fil.
Main.
Antoine.

Gamme. LXXXIII.
Lyre.
Touche.
Cor.
Chalumeau.

Lin, plante. LXXXIV.
As.
Vol.
Mie.
Farce.

Pénates. LXXXV.
Daphné.
Hébé.
Morphée.
Atropos.

Inca. LXXXVI.
Lama.
Cham.
Bei.
Bonze.

Terre. LXXXVII.
Temps.
Fin.
Mort.
Age.

Rat. LXXXVIII.
Oie.
Lièvre.
Pie.
Renard.

Vil. LXXXIX.
Nain.
Avare.
Lot.
Image.

Latium. XC.
Thrace.
Ida.
Feu
Crète.

OEil. XCI.
Col.
Joues.
Tête.
Paupière.

Arbre. XCII.
Vigne.
Noyer.
Pin.
Nard.

Mouche. XCIII.
Laie.
Paon.
Chat.
Chien.

Trémie. XCIV.
Hangar.
Brique.
Pâte.
Baratte.

Asie. XCV.
Turquie.
Romain.
Nil.
Chine.

Conscience. XCVI.
Charité.
Ame.
Ciel.
Dieu.

Milon. XCVII.
Itaque.
Eau.
Route aérienne.
Ammon.

Jour. XCVIII.
Soir.
Air.
Poles.
Essieu.

Rênes. XCIX.
Terme.
Rang.
Gloire.
Union.

Repas. C.
Sommeil.
Réveil.
Repos.
Santé.

TABLE DES MOTS DES ENIGMES

DANS LEUR ORDRE ALPHABÉTIQUE.

Les chiffres romains indiquent les décades, et les chiffres arabes rappellent les distiques.

Etat.	LXXVIII.	I.	If.	XLII.	2.
Etau.	LIV.	2.	Image.	LXXXIX.	5.
Eté.	LXXX.	I.	Inca.	LXXXVI.	I.
Eternité.	LXXV.	4.	Io.	XXXIX.	I.
Etna.	LXXVII.	5.	Ire.	XLVII.	5.
Evangile.	LXXIX.	5.	Iris.	LXVIII.	4.
Farce.	LXXXIV.	5.	Itaque.	XCVII.	2.
Farceur.	XXXIV.	4.	Ivre.	XIV.	3.
Fées.	XXXIX.	5.	Japper.	LXXXI.	I.
Fer.	LXXII.	2.	Jar.	XXXII.	4.
Feu.	XC.	4.	Jardin.	XXXI.	2.
Feuille.	XLII.	I.	Jean-Bapt.	XIII.	4.
Fiel.	LXVIII.	3.	Jeu.	XIV.	4.
Fil.	LXXXII.	3.	Joues.	XCI.	3.
Fils.	XI.	4.	Jour.	XCVIII.	I.
Fin.	LXXXVII.	3.	Juge.	XXV.	2.
Fleur.	I.	4.	Laie.	XCIII.	2.
Fortune.	LXXIII.	4.	Lama.	LXXXVI.	2.
Four.	LXXVIII.	2.	Lance.	LXXII.	4.
Gamme.	LXXXIII.	I.	Lard.	LXXVIII.	5.
Gare.	XXXIV.	3.	Latin.	XLVI.	4.
Gaule.	XLVI.	3.	Latium.	XC.	I.
Geai.	LIX.	I.	Leçon.	XI.	5.
Gédéon.	II.	5.	Léda.	LXXIII.	3.
Gîte.	XVI.	3.	Lemnos.	LXXIII.	2.
Givre.	XXVIII.	2.	Lens.	LXX.	2.
Gloire.	XCIX.	4.	Léon.	XLV.	2.
Grêle.	XX.	3.	Lèpre.	LXII.	3.
Grotte.	LXXVII.	3.	Lévi.	LXV.	2.
Haine.	XLVII.	2.	Lie.	XIX.	5.
Hangar.	XCIV.	2.	Liège.	LVII.	4.
Harpie.	XII.	3.	Lièvre.	LXXXVIII.	3.
Hébé.	LXXXV.	3.	Lierre.	LXIV.	4.
Hector.	XLVIII.	5.	Liesse.	LX.	5.
Henri IV.	III.	2.	Limaçon.	LIX.	4.
Héros.	LXXI.	4.	Lin (plante.)	LXXXIV.	I.
Hêtre.	VII.	4.	Lin (pape.)	XLV.	5.
Hibou.	LIX.	3.	Linge.	LII.	I.
Homère.	LXI.	5.	Lion.	VIII.	2.
Horloge.	LXXV.	I.	Lis.	XXXI.	4.
Hue.	XXXIV.	I.	Lit.	LII.	4.
Hyménée.	IX.	4.	Litharge.	XXVIII.	4.
Ida.	XC.	3.	Litre.	LIII.	2.

ERRATA.

Commme cet Opuscule à été fait précipitamment il s'y est glissé quelques fautes; les voici avec leurs corrections.

Page.	Décade.	Ligne.	Fautes.	Corrections.
1.	I.	6me	Et aux yeux.	Comme aux yeux.
9.	XVI.	3e	Endroit.	Enclos.
18.	XXXV.	9e	To.	Te.
21.	XLI.	3e	Douleur.	Lenteur.
28.	LV.	4e	Le seul.	Le siége.
28.	LV.	9e	Quel fut le seul endroit.	Le seul endroit du corps.
32.	LXII.	1re	Nous.	Vous.
32.	LXIII.	1re	Dans.	De.
38.	LXXV.	9e	Détrompez-vous.	Réfléchissez.

Pages 55 et 60, ou mot Crâne : au lieu de LV. — 5. *Lisez* LV. — 4.

Pages 55 et 64, au mot Talon : au lieu de LV. — 4. *Lisez* LV. — 5.

Page 55, Décade LX, Distique 4, au lieu de Arques : *Lisez* Alise.

ERRATA.

Comme cet Opuscule à été fait précipitamment il s'y est glissé quelques fautes ; les voici avec leurs corrections.

Page.	Décade.	Ligne.	Fautes.	Corrections.
1.	I.	6me	Et aux yeux.	comme aux yeux.
9.	XVI.	3e	Endroit.	Enclos.
18.	XXXV.	9e	To.	Te.
21.	XLI.	3e	Douleur.	Lenteur.
28.	LV.	4e	Le seul.	Le siége.
28.	LV.	9e	Quel fut le seul endroit.	Le seul endroit du corps.
32.	LXII.	1re	Nous.	Vous.
32.	LXIII.	1re	Dans.	De.
38.	LXXV.	9e	Détrompez-vous.	Réfléchissez.

www.ingramcontent.com/pod-product-compliance
Ingram Content Group UK Ltd.
Pitfield, Milton Keynes, MK11 3LW, UK
UKHW020319220726
13923UKWH00003B/1240